황금물결은 새물결출판사의 어린이 청소년 브랜드입니다.
이 책의 한국어 판 저작권은 Altitude Anyway와 독점 계약한 새물결출판사에 있습니다.
신저작권법에 의해 한국 내에서 보호를 받는 저작물이므로 무단 전재와 복제를 금합니다.

굿플래닛코리아는 Goodplanet.org의 한국 파트너입니다.
사진이나 액자 구입을 희망하시는 분은 굿플래닛코리아(02-322-8696)로 연락주시기 바랍니다.
책의 판매수익금 중 일부는 지구환경보호를 위한 비영리기구 Goodplanet.org에 기부됩니다.

얀이 들려주는 하늘에서 본 **지구이야기 1**

사진 | 얀 아르튀스-베르트랑
기획 | 굿플래닛코리아
글쓴이 | 안광국 · 김외곤
삽화 | 박미미
디자인 | AGI
펴낸이 | 조형준
펴낸곳 | 새물결
펴낸날 | 1판 5쇄 2013년 1월 1일
등록 | 서울 제313-25100-2009-283호(2009.12.30)
주소 | 서울특별시 마포구 망원1동 409-48 우편번호 121-822
전화 | (편집부) 3141-8696 (영업부) 3141-8697 **팩스** | 3141-1778
e-mail | saemulgyul@kornet.net

Photo ⓒ Yann Arthus-Bertrand.
ⓒ 황금물결, 2010

ISBN 978-89-94369-01-3 (64600)
ISBN 978-89-94369-00-6 (세트)

얀이 들려주는
하늘에서 본 지구 이야기 1

얀 아르튀스 베르트랑

글 김외곤 · 안광국 **그림** 박미미

황금물결

찾아보세요

머리말
친구들아 안녕, 내 이름은 중휘야 · 8
얀 아저씨는 우리에게 어떤 이야기를
들려주고 싶은 걸까요? · 10

인공 호수의 낚시꾼 · 24
레위니옹 섬의 화산 분출 · 26
남극 대륙 아델리 해안의 빙산 · 28
폐그물을 이용한 다시마 말리기 · 30
목화 꾸러미들 · 32
종려나무 숲에서 대추야자 말리기 · 34
아마존 강에 목재 띄우기 · 36
마라케시의 양탄자 · 38
로스앤젤레스의 어느 학교 운동장 · 40

누벨칼레도니 맹그로브 숲의 하트 · 12
옐로스톤 국립공원의 간헐 온천 · 14
아마쿠로 삼각주 위를 나는 주홍따오기들 · 16
통북투 근교의 채소 재배 · 18
단봉낙타 대상 · 20
오카방고 삼각주의 코끼리 · 22

어핑턴의 하얀 말 · 60

나이저 강에 떠 있는 피로그 배들 · 62

뉴욕의 천연 잔디 야구장 · 64

모리타니의 홍학 · 66

국립공원 안의 생명의 나무 · 68

* 사진 옆에는 작은 세계 지도가 있어요. 여기에 표시된 빨간 점이 사진을 찍은 곳이랍니다.

크레타 섬의 농부 · 42

발데스 반도 먼 바다에서 헤엄치는 고래 · 44

발리 섬의 계단식 논 · 46

카나리아 화산섬의 포도밭 · 48

다카르 근처의 어시장 · 50

아스완의 오벨리스크 · 52

하우사 족의 집과 마을 · 54

페스의 염색통 · 56

오아틀라스의 마을 · 58

친구들아 안녕, 내 이름은 중휘야

나는 이제 초등학교 6학년이야. 우리 엄마는 책 만드는 일을 하시는데, 지난 5년 동안 프랑스의 항공 사진작가 아저씨와 하늘을 날며 우리나라의 아름다운 모습을 사진으로 찍으셨어. 그 사진들을 담아서 만든 책이 『하늘에서 본 한국』이야. 아저씨 이름은 얀 아르튀스-베르트랑인데, 부르기에 너무 어렵지? 엄마는 그냥 '얀'이라고 불러. 아저씨는 세계적으로 유명한 사진작가라고 해. 인터넷에서 '하늘에서 본 지구'를 검색해 보면 아저씨가 전 세계 곳곳을 돌아다니며 찍은 사진들을 볼 수 있어. 얼마 전에 인기를 끈 드라마 〈꽃보다 남자〉에 나온 누벨칼레도니의 '하트' 사진을 처음으로 찍은 사람도 얀 아저씨래.

나의 꿈은 역사학자가 되어 세계의 역사를 공부하는 거야. 그래서 지구본을 보면서 '지구 위의 모든 나라를 여행할 수 있으면 얼마나 좋을까' 하고 상상하곤 해. 나는 언젠가 세계의 모든 나라를 여행하고 싶어. 그래서 나는 얀 아저씨가 전 세계를 여행하면서 찍은 『하늘에서 본 지구』라는 책을 넘겨보면서 앞으로 가고 싶은 나라를 떠올려 보곤 해. 정말 멋지지 않니?

나는 이 책이 정말 좋아. 크기가 엄청난 데다 멋진 사진들로 가득 차 있거든. 우리가 사는 지구에 얼마나 다양한 사람과 생명들이 모여 사는지를 보여주는 장면들이 가득 담겨 있어. 산과 바다 그리고 집들의 모양이 얼마나 다채로운지, 또 땅의 모양들과 생물과 사람들이 만들어내는 색깔은 얼마나 신기한지 눈을 뗄 수 없을 정도야.

아저씨 책을 넘기다 보면 단순히 멋진 사진만 볼 수 있는 게 아니야. 과학과 더불어 지리와 역사 공부도 할 수 있어. 아저씨는 단순히 아름다운 사진만 찍으러 다니시는 게 아니야. 전 세계 사람들이 보다 평등하게 살고, 환경을 지키는 일에 다 함께 나서길 바라는 마음으로 사진을 찍으시는 거지. 얀 아저씨는 사람들이 먹고 마실 것이 충분하지 않아서 힘들어하는 나라에도 가신대. 그런 곳에서는 아이들이 학교도 못 간다고 해.

아저씨는 지금까지 100개가 넘는 나라를 여행하셨대. 정말 놀랍지? 우리나라에도 열세 번인가 오셨는데, 그때마다 너무 바쁘셔서 어떨 때는 공항에서 바로 헬리콥터를 타고 DMZ를 찍으러 가신 적도 있다고 해. 가끔 엄마에게 아저씨 전화가 오기도 하는데, 어떤 때는 브라질에서, 또 어떤 때는 탄자니아에서 전화가 오는 것을 보았어. 지금도 아저씨는 지구 위의 어딘가를 날아다니고 있으실 것만 같아.

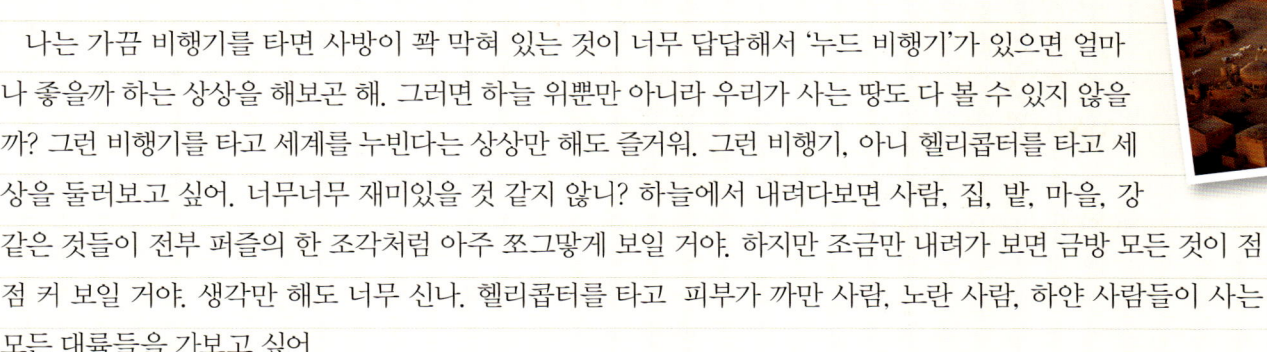

나는 가끔 비행기를 타면 사방이 꽉 막혀 있는 것이 너무 답답해서 '누드 비행기'가 있으면 얼마나 좋을까 하는 상상을 해보곤 해. 그러면 하늘 위뿐만 아니라 우리가 사는 땅도 다 볼 수 있지 않을까? 그런 비행기를 타고 세계를 누빈다는 상상만 해도 즐거워. 그런 비행기, 아니 헬리콥터를 타고 세상을 둘러보고 싶어. 너무너무 재미있을 것 같지 않니? 하늘에서 내려다보면 사람, 집, 밭, 마을, 강 같은 것들이 전부 퍼즐의 한 조각처럼 아주 쪼그맣게 보일 거야. 하지만 조금만 내려가 보면 금방 모든 것이 점점 커 보일 거야. 생각만 해도 너무 신나. 헬리콥터를 타고 피부가 까만 사람, 노란 사람, 하얀 사람들이 사는 모든 대륙들을 가보고 싶어.

얀 아저씨는 유엔 기구 중에서 지구 환경 보호를 책임지고 있는 UNEP(유엔환경계획)의 명예 홍보대사로도 활동하고 계셔. 전 세계를 여행하면서 우리 지구가 심각한 질병에 시달리는 게 너무 마음 아파서 저절로 '환경 투사'가 되셨대. 언젠가 아저씨가 엄마에게 만년설이 전부 녹아버린 킬리만자로 사진을 보내주신 적이 있는데, 나도 깜짝 놀랐어. 하얀 만년설로 덮여 있어 아프리카 사람들이 성스럽게 여긴다는 산이 마치 민둥산처럼 헐벗은 모습을 하고 있었거든. 아저씨는 우리 지구의 미래 모습이 그렇게 변할까 봐 걱정하시는 것 같아. 아저씨는 유엔에서 주는 '올해의 인물상'도 받고 여러 신문들에서 '지구를 지키는 영웅' 등의 명예로운 칭찬을 듣기도 했지만, 우리 지구의 상태는 크게 나아지지 않는다고 걱정이 이만저만 아니셔. 그래서 작년엔 60여 개국을 항공 촬영해 〈홈Home〉이라는 영화를 만든 뒤에 전 세계에서 무료로 상영하시기도 했어.

나도 아저씨의 생각에 공감해서 엄마에게 부탁해 우리 친구들을 위해 이 책을 함께 만들어 보았어. 이 책을 보면서 우리 지구가 얼마나 아름다운지, 지구 위에서 살고 있는 사람들은 또 얼마나 많은지, 우리가 다 함께 건강하게 살려면 어떻게 해야 하는지 생각해 볼 수 있을 거라고 믿어. 하지만 너무 심각해 질 필요는 없어. 왜냐하면 이 책을 그저 한번 넘겨보는 것만으로도 지구의 아름다움을 충분히 느낄테니까.

이제 우리 모두 함께 헬리콥터에 올라볼까.

얀 아저씨는 우리에게
어떤 이야기를 들려주고 싶은 걸까요?

아저씨는 1946년에 파리에서 태어났습니다. 쉿, 아저씨 몰래 한 가지 재미있는 이야기를 들려줄까요? 아저씨는 어린 시절 지독한 말썽꾸러기여서 여러 번 학교를 옮겨 다닐 정도였대요. 아마 아저씨가 아이들을 사랑하고 말 없는 동물들에 애정을 갖게 된 것은 이 때문이 아닐까요? 우리가 기회가 되면 파리를 여행하고 싶은 것과는 정반대로 아저씨는 파리 같은 도시를 별로 안 좋아한답니다. 파리에서 기차로 한 시간 정도 떨어진 시골의 작은 숲 근처에 아저씨의 집이 있는데, 마당의 높은 나무 위에 지어 놓은 오두막집은 아저씨의 큰 자랑거리랍니다. 아저씨는 이 자그마한 집에 있으면 수많은 영감이 떠오른다고 해요.

아저씨는 젊었을 때 프랑스 중부에 있는 자연보호 구역의 책임자로 일을 했고, 그러다가 사자의 행동에 관한 학위 논문을 쓰기 위해 가족과 함께 아프리카의 케냐로 갔습니다. 그때 사자 가족을 관찰하는 도구로 사진만큼 좋은 것이 없다는 것을 알게 되었죠. 때때로 사진 한 장이 어떤 글보다도 더 많은 이야기를 들려주니까 말이죠. 그리고 또 하나, 아저씨가 독창적으로 발견한 것은 사진을 사진으로만 찍는 데 그치지 않고 사진을 이야기와 어울리게 만든 거지요. 예를 들어 얼굴을 찡그리고 있는 사자를 찍으면서 어디가 아파서 그런 것인지, 아니면 짜증이 나서 그런 것인지를 재미있게 설명하여 마치 사자가 이야기를 하는 것처럼 만든 거지요. 아저씨는 사진을 단순히 어떤 대상을 잘 찍는 '기술'에서 대상이 말을 하는 것처럼 만든 '예술'로 바꾼 거예요. 참으로 기발하지 않나요? 그래서 얀 아저씨는 항상 이렇게 말합니다. "아름다운 것은 지구입니다. 저는 우리 시대의 증인으로서 다만 그것을 기록할 뿐입니다"라고요.

하지만 케냐에서 사자만 추적하던 아저씨는 생계를 위해 관광 가이드 일을 해야만 했습니다. 그러다가 동물들을 따라다니며 귀찮게 하는 사파리 관광이 아니라 동물들에게 아무 피해도 주지 않는 열기구 관광을 생각해 냈지요. 정말 아저씨다운 생각이었지요. 그러다가 하늘에서 본 지구가 얼마나 아름다운지를 알게 되었습니다. 아르키메데스도 목욕탕에 누워 있다가 우연히 부력의 원리를 발견했다던데, 얀 아저씨도 열기구에서 고생하다가 우연

세상을 사진에 담기로 결심했지만
그 일이 사진기 한 대만 둘러매면 되는 건 아니었지요.
얀 아저씨의 삶은 창의적인 상상력과 미지에의 도전 그리고
지구에 대한 사랑으로 가득 차 있어요.

히 '항공사진'이라는 독특한 아이디어를 떠올리게 된 거죠.

아저씨의 삶을 두 번째로 크게 바꾸어 놓은 일은 브라질의 리우데자네이루에서 있었습니다. 1992년 이곳에서 세계 각국의 정상들과 비정부기구 대표들이 모여 우리 지구가 안고 있는 과제와 이를 함께 해결할 수 있는 방법을 찾기 위해 '리우 회의'를 열고 있었지요. 여기서 21세기 인류 공동의 미래를 열어가기 위한 과제로 '지속가능한 발전'이라는 대안이 제시되었습니다. 이 말은 '현재 세대와 미래 세대가 다 같이 살아갈 수 있는 발전 방식'을 의미합니다. 얀 아저씨도 이 회의에 참가했는데, 여기서 많은 영감을 얻으셨다고 해요. 그래서 아저씨는 '지속가능한 발전'을 사진 철학으로 삼으신 거지요.

이후 아저씨는 1994년부터 전 세계 하늘을 비행하며 우리 지구의 모습을 기록하는 작업을 시작했습니다. 이것이 얼마나 힘든 일이었는지는 상상하기 어렵습니다. 예를 들어 3년 동안 군부를 겨우 설득하여 인도를 비행했지만 '보안' 때문에 찍은 사진을 거의 압수당한 일도 있었지요. 아프가니스탄에서는 유엔 군용 헬기의 호위를 받으면서 사진을 찍어야 했고, 미국의 남부를 덮친 허리케인 카트리나의 피해를 촬영하다가 헬기가 추락하는 사고를 당하기도 했지요. 서울을 촬영할 때는 황사가 갑자기 몰려와 사진을 한 장도 못 찍고 빈손으로 돌아가야만 했습니다. 하늘에서 사진을 찍는 아저씨의 작업은 정말 하늘과 인간이 모두 도와주지 않으면 불가능하지 않을까 하는 생각이 들 정도입니다.

아저씨는 왜 위험을 무릅쓰고 이렇게 힘든 일을 할까요? 사진을 보면, 아저씨의 머릿속에서 어떤 우려와 희망이 동시에 교차함을 느낄 수 있습니다. 무엇보다 아저씨는 우리가 미국식으로 쓰고 먹고 버리는 생활을 지속하면 우리 지구가 회복 불가능한 상태가 되지 않을까 걱정합니다. 하지만 동시에 아저씨는 지구의 아름답고 위대한 모습을 보면, 누구나 자연을 사랑하고 환경을 보호하는 마음이 생길 것이라는 희망을 품고 있답니다. 옛날에 괴테라는 사람은 "성스러운 것은 무엇인가?"라고 질문한 뒤에 "모든 영혼을 함께 모으는 것이 성스러운 것이다"라고 대답했다고 합니다. 아마 어른 아이 할 것 없이 모든 사람을 지구 사랑의 길로 함께 이끄는 얀 아저씨의 작업도 '성스러운 것'이 아닐까요?

굿플래닛코리아 홍미옥

자, 이제 이 아름다운 지구를 보러 얀 아저씨를 따라가 볼까요?

 맹그로브는 신기하게도 민물과 바닷물에서 동시에 살 수 있습니다. 육지와 바다 사이에서 만들어지는 맹그로브 나무 습지는 천연 방파제로서 우리가 사는 지구의 자연적인 균형을 위해 매우 중요합니다.

프랑스령, 누벨칼레도니의 보 지역

누벨칼레도니 맹그로브 숲의 하트

프랑스령 누벨칼레도니 프랑스의 해외 영토로, 세계에서 가장 큰 산호섬이며 3천여 종 이상의 고유 동식물이 있는 세계 4대 생태계 보고 중 하나이다(인구 24만 명).

▶ 어떻게 이런 모양이 생긴 것일까요? 맹그로브 나무들과 바닷물이 함께 만들어 놓은 것이랍니다. 하트 모양의 한가운데는 다른 곳보다 땅이 약간 위로 솟아 있는데, 바닷물이 증발되어 소금의 농도가 진해지면 맹그로브 나무들이 죽게 됩니다. 그래서 사진 속에서처럼 맨땅이 생기는 것이죠.

▶ 맹그로브 숲은 열대 지방의 연안에서만 볼 수 있습니다. 이 습지의 진흙에는 온갖 영양분이 풍부해 나무들이 어찌나 빽빽하게 자라는지, 아무리 큰 파도가 쳐도 해안이 쓸려나가는 일은 없답니다. 이곳은 먹이가 많아 말 그대로 바닷고기들의 천국이면서 물뱀, 악어, 게 등 온갖 바다 생물들이 알을 낳고 새끼를 돌볼 수 있는 천혜의 보금자리랍니다.

▶ 사진 속에서는 맹그로브 나무들이 하트 모양을 이루며 우리에게 무엇인가를 말해주고 있군요.

미국은 1872년에 옐로스톤 지역을 국립공원으로 지정해 자연환경이 훼손되지 않도록 노력하고 있습니다. 사진은 지름이 112미터나 되는 그랜드 프리즈마틱 간헐 온천의 모습입니다.

북아메리카, 미국

옐로스톤 국립공원의 간헐 온천

미국 다양한 인종이 어울려 사는 나라로 전 세계 군비 지출의 2/5를 차지하고 있으며 세계의 경제, 정치, 문화를 선도하는 강대국이다. 옐로스톤 국립공원은 서울 면적의 14배에 이른다(인구 3억 1백만 명).

▶ 푸른 호수에서 뜨거운 수증기가 뿜어져 나오는 것이 보이나요? 옐로스톤 국립공원은 환경을 지키기 위해 세계에서 최초로 보호 구역으로 지정된 곳입니다. 면적이 무려 9천 제곱킬로미터에 이르는데 3천 개나 되는 온천(뜨거운 물이 솟았다가 멈추었다가 하는 온천을 '간헐 온천'이라고 부릅니다)과 뜨거운 수증기가 빠져나가는 분기공이 있다고 하네요.

▶ 어째서 이렇게 뜨거운 물과 수증기가 솟아나는 걸까요? 그건 바로 이 국립공원이 화산 지대에 있기 때문이랍니다.

▶ 그랜드 프리즈마틱 간헐 온천은 이 공원에서 가장 큰 온천입니다. '프리즈마틱'은 '프리즘을 통과한'이라는 뜻인데, 오색 물빛을 보면 과연 허투로 붙인 이름은 아닌 것 같네요. 이렇게 다양한 색깔이 나타나는 이유는 온도에 따라 서로 다른 미생물들이 살고 있기 때문입니다. 오렌지 빛을 띠는 가장자리의 온도가 가장 낮고, 초록색에서 푸른색을 띠는 중심부로 갈수록 온도가 높아집니다.

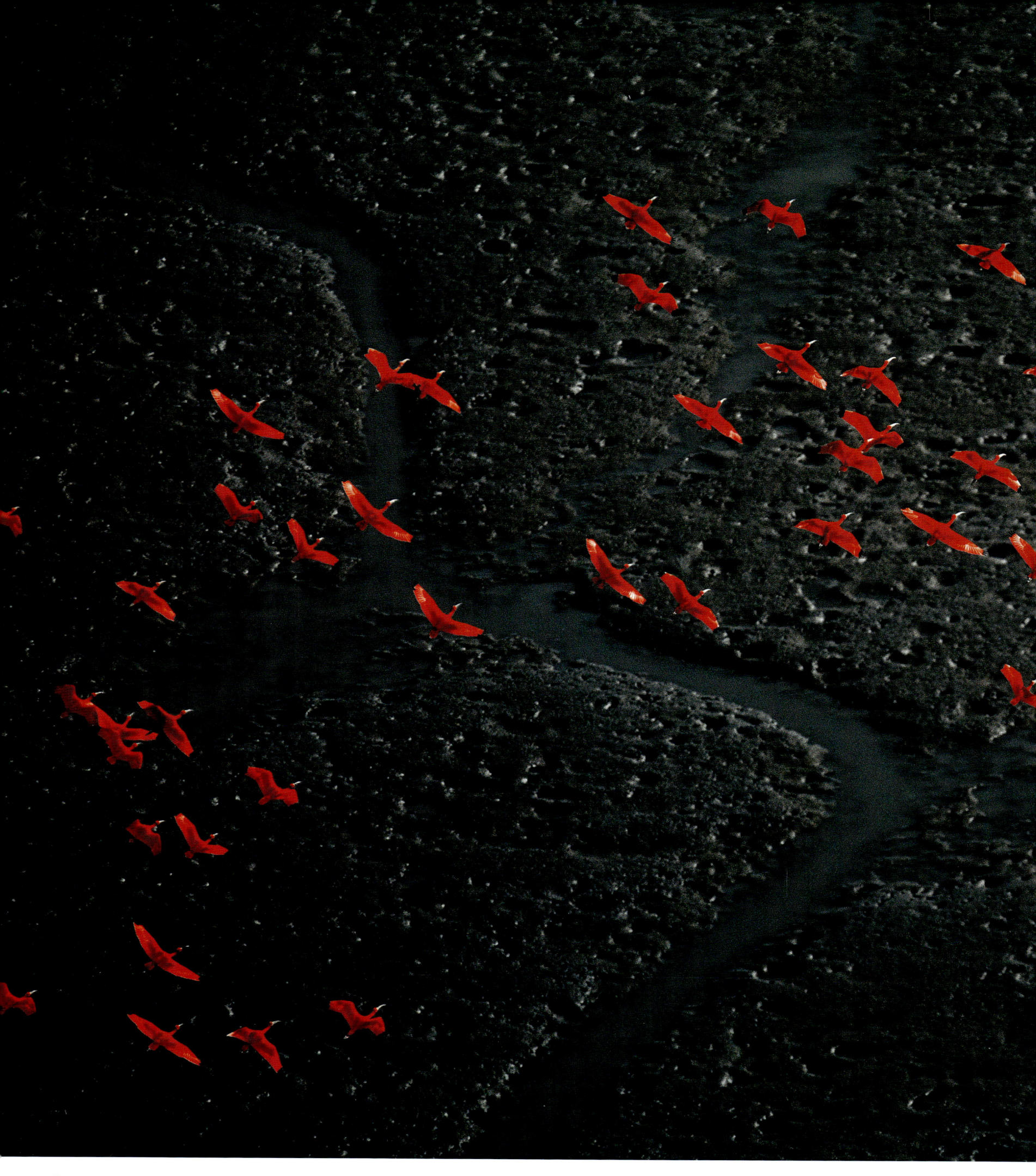

사진 속의 주홍따오기를 비롯하여 1만 1천 종의 동식물은 어쩌면 가까운 미래에 우리 지구에서 영영 사라져버릴지도 모릅니다. 그러한 멸종의 가장 큰 원인은 아마도 사람들의 욕심이겠지요.

남아메리카, 베네수엘라

아마쿠로 삼각주 위를 나는 주홍따오기들

베네수엘라 물 위에 집을 짓는 사람들이 사는 마을 때문에 '작은 베네치아'라고도 불리며 석유 수출량 세계 5위의 산유국이다(인구 2천 8백만 명).

▶ **베네수엘라 국토의 1/3은 주홍따오기들이 많이 사는 습지로 이루어져 있습니다.** 이곳에서는 부리가 아래로 처진 새들이 먹이를 찾기 쉽습니다. 이 새들의 먹이는 맹그로브 밑에서 쉽게 잡을 수 있는 작은 새우, 게 그리고 그 밖의 갑각류들입니다. 갑각류에는 카로틴이 풍부한데, 이 색소 때문에 새들이 붉은색을 띠게 되는 것이지요.

▶ **불행하게도 이 새들은 멸종 위기에 처해 있습니다.** 멋진 색깔 때문에 너도 나도 이 새의 예쁜 깃털을 탐냈던 것이지요. 특히 조화(造花)를 만드는 공장에서 이 새의 깃털을 재료로 사용하기도 했습니다. 또한 고기를 먹기 위해 이 새를 사냥하는 사람들도 적지 않았지요.

▶ **지금 지구상에 남아 있는 주홍따오기는 다 합쳐서 20만 마리도 안 된답니다.**

 이 농부는 물이 귀하다는 것을 알고 있지요. 지구 위의 모든 사람들이 물을 풍족하게 쓰고 있는 것은 아니랍니다. 우리나라에서 가정의 1인당 물소비량은 238리터가 넘는 반면, 이곳 말리에서는 20리터도 채 안 된답니다.

서아프리카, 말리

통북투 근교의 채소 재배

말리 황금과 소금, 상아로 부자가 되었던 나라로 세계 최대의 진흙 모스크(이슬람 사원)가 있다. 통북투는 모래 속에 묻혀버린 황금도시의 전설이 있는 곳이다(인구 1천3백만 명).

▶ 이 아기자기한 채소밭은 옛날부터 있었을까요? 1970년대 초와 1980년대에 이 나라 북부에 큰 가뭄이 닥쳐 유목민의 가축들이 떼죽음을 당했습니다. 가축들에게 물을 먹일 장소와 목초지를 찾아서 이리저리 돌아다니던 유목민들은 가뭄 때문에, 굶어 죽지 않기 위해서 한곳에 머물며 가축을 돌보고 채소를 재배하게 되었지요. 예전에는 광대한 땅을 누비고 다녔지만 이제는 이렇게 쪼그려 앉아 가로와 세로가 1미터 남짓한 이 네모난 밭에 매달리게 된 것입니다.

▶ 하지만 유목민들은 영리하고 용감했습니다. 여기 밭을 보세요. 모래밭 위에서 아주 적은 물만으로도 완두콩, 잠두콩, 렌즈콩, 강낭콩, 양배추, 양상추, 땅콩 등을 키우고 있습니다. 워낙 귀한 물을 허비하지 않기 위해 이런 지혜를 짜낸 것이지요.

▶ 사막 한가운데 일구어놓은 이 채소밭들은 아프리카인들에게 효율적인 물 관리의 모범 사례가 되고 있습니다.

 투아레그 족은 수십 년 전부터 소금을 거래해 왔습니다. 이들은 단봉낙타 등에 소금을 싣고 소금 산지에서 아가데즈라는 도시까지 600킬로미터나 되는 길을 여행합니다.

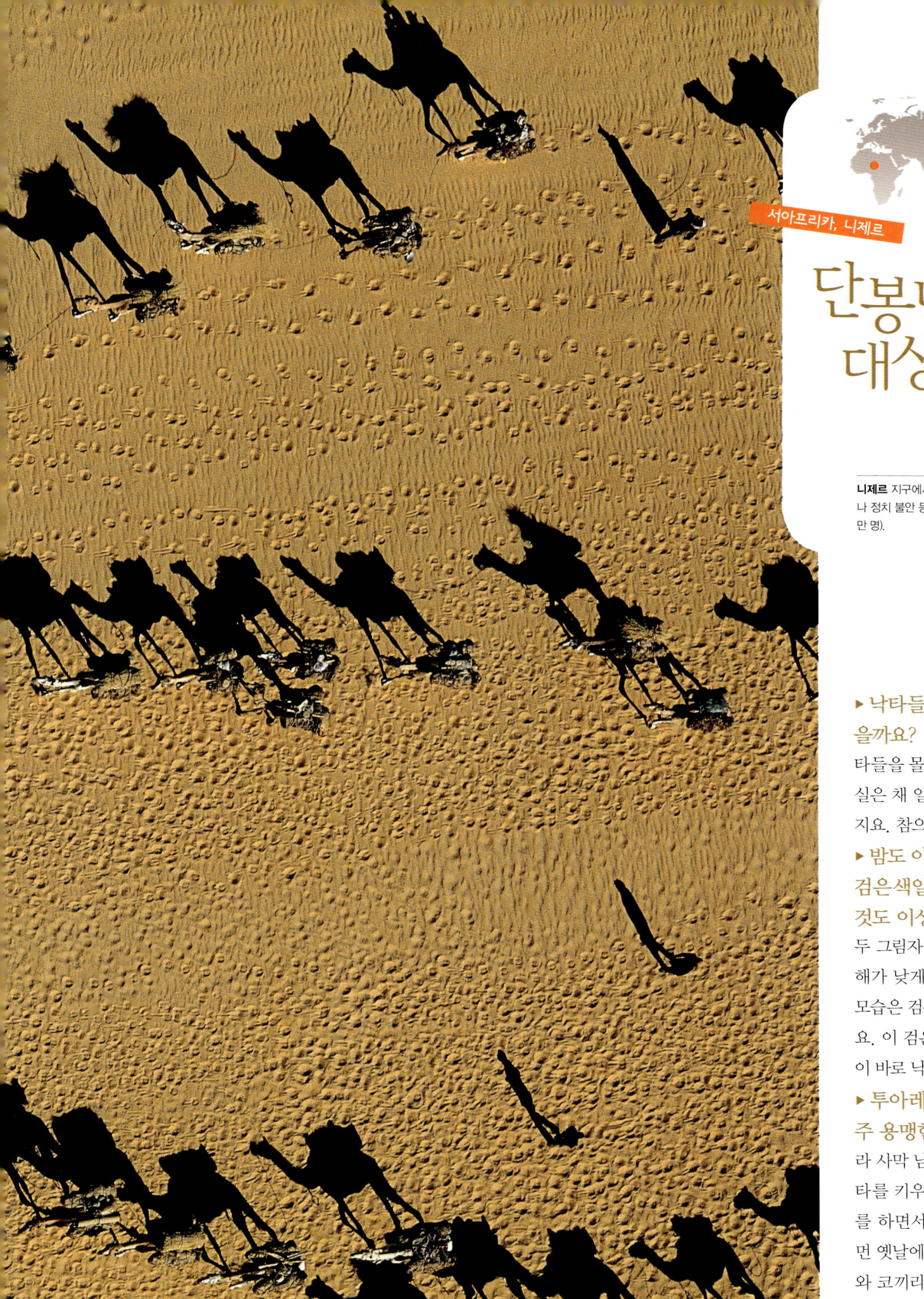

서아프리카, 니제르

단봉낙타 대상

니제르 지구에서 가장 더운 나라이다. 우라늄 매장량이 세계 5위이나 정치 불안 등으로 아프리카에서도 최빈국에 속한다(인구 1천3백만 명).

▶ **낙타들이 줄을 지어 어디로 가고 있을까요?** 대상(隊商)의 몰이꾼들이 단봉낙타들을 몰고 갑니다. 낙타들은 무거운 짐을 실은 채 일렬로 묶여 느릿느릿 걸음을 옮기지요. 참으로 멋진 풍경입니다.

▶ **밤도 아닌데 왜 사람이나 낙타 모두 검은색일까요? 다리나 몸이 너무 긴 것도 이상하지 않나요?** 사실 이것은 모두 그림자랍니다. 하늘에서 내려다본 데다 해가 낮게 떠 있는 동안 찍은 것이라 실제 모습은 검은 그림자 밑에 숨어 잘 안 보이지요. 이 검은 그림자 밑의 짐 꾸러미 같은 것이 바로 낙타와 사람의 모습입니다.

▶ **투아레그 족 사람들은 과거에는 아주 용맹한 부족이었습니다.** 주로 사하라 사막 남부의 아하가르 산맥 지역에서 낙타를 키우거나 이렇게 사막을 오가며 장사를 하면서 살아가고 있지요. 그런데 아주 먼 옛날에는 이곳에도 숲이 울창하고 사자와 코끼리, 기린 등 많은 동물들이 살았다고 합니다. 그런데 기후가 변해서 이렇게 모래뿐인 사막이 되었다고 하네요.

 코끼리들은 매일 200킬로그램 정도의 풀을 뜯어먹지요. 야생 코끼리들을 아직도 볼 수 있는 아프리카에서는 잘 경작한 밭을 코끼리 때문에 죄다 망치는 일도 더러 있답니다.

남아프리카, 보츠와나

오카방고 삼각주의 코끼리

보츠와나 지혜롭게 자연과 더불어 사는 부시먼의 나라이며 야생 동물들의 오아시스다(인구 2백만 명).

▶ **코끼리들이 어디로 가고 있을까요?**
비가 잘 내리지 않는 건기가 되면 코끼리들은 칼라하리 사막 가까운 곳에서 오카방고 삼각주로 긴 여행을 떠납니다. 오카방고 삼각주는 남아프리카의 광대한 습지로, 다양한 야생 동물들이 모여 산답니다. 특히 이곳에서는 수만 마리의 코끼리들이 실컷 물을 마시고 더위를 식히며 여행에 지치고 더러워진 몸을 씻기도 합니다.

▶ **옛날부터 사람들은 코끼리의 어금니인 상아를 탐내왔습니다.** 상아로 만든 술잔, 목걸이, 도장, 당구공과 같은 공예품들이 아주 비싼 값에 팔렸기 때문이죠. 양심 없는 사람들이 이 어금니를 탐낸 탓에 코끼리는 멸종 위기에 처하기도 했습니다. 다행히도 상아의 매매를 금지하는 국제 협정이 맺어져 코끼리들은 이제 보호를 받고 있답니다.

댐 건설로 물에 잠겨 죽어간 나무들입니다. 마치 불타버린 숲처럼 황량하게 느껴집니다.
자연을 이용해서 전기를 생산한다 해도 그것이 자연에 미치는 영향은 매우 큽니다.

서아프리카, 코트디부아르

인공 호수의 낚시꾼

코트디부아르 세계 최대의 카카오 생산지이며 세계에서 이주민이 제일 많은 나라이다. '아프리카의 파리'라고도 불린다(인구 1천8백만 명).

▶ 사진을 가만히 살펴보세요. 중앙에 홀로 노를 저어가는 사람이 보이지요? 수력 발전소를 세우기 위해 반다마 강을 막아 생긴 코수라는 인공 호수에 고기를 잡으러 온 어부랍니다.

▶ 나무들이 가엾게도 물에 잠긴 채 죽어가고 있군요. 더 이상 자라지도 싹을 틔우지도, 새들도 깃들지 않는 이 앙상한 검은 나무숲 사이를 저어가는 어부의 모습이 무척이나 쓸쓸해 보입니다.

▶ 이 자리에는 원래 2백 개의 마을이 있었습니다. 그런데 마을이 물에 잠기게 되자 수만 명의 사람들이 고향을 잃고 다른 곳으로 떠나야만 했지요. 여기서 살던 많은 동물들도 삶의 터전을 잃었습니다. 식물들도 전부 호수 속에 잠겨 버렸습니다.

▶ 이 엄청난 양의 물은 강 하류의 수력 발전소에 공급됩니다. 물의 힘으로 거대한 터빈을 돌려서 전기를 얻는 것이지요. 하지만 이렇게 전기를 얻기 위해 치르는 대가는 무엇일까요? 그것은 바로 이 고장 전체의 자연적 균형이 흔들리는 것입니다.

 여기저기 삿갓을 엎어 놓은 듯한 분화구에서 하얀 연기가 피어오르고 붉은 용암이 흘러나옵니다. 신비스럽고도 두려운 광경이지요. 우리가 발 딛고 사는 땅 밑에 이렇게 불타는 용암이 있다니 정말 믿어지지 않습니다.

아프리카, 프랑스령

레위니옹 섬의 화산 분출

프랑스령 레위니옹 프랑스의 해외 영토로 용광로처럼 끓어오르는 화산섬이다. 고유 동식물 종이 갈라파고스의 4배에 달하며 국토의 40퍼센트가 국립공원으로 지정되었다(인구 73만 명).

▶ 화산재에 파묻힌 고대 로마의 도시, 폼페이 이야기를 들어 보았나요? 베수비오 화산이 폭발하면서 많은 사람들과 동물들이 질식해 죽었는데, 어찌나 빠르게 화산재가 도시 전체를 덮어 버렸는지 당시 사람들이 살던 모습 그대로 발굴되었지요.

▶ 화산 활동은 땅속 깊은 곳의 뜨거운 용암이 압력을 이기지 못하고 땅의 약한 부분을 뚫고 올라오면서 생기지요. 화산은 육지뿐만 아니라 바다나 섬에서도 폭발합니다. 때로는 엄청난 힘으로 터져 올라 산이나 섬을 만들기도 하지요.

▶ 이곳은 피통드라푸르네즈 분화구입니다. 화산을 살아 있는 모습 그대로 관찰할 수 있는 아주 드문 곳 중의 하나이지요. 지금은 화산 활동을 미리 알아내기 위해 인공위성으로 열심히 관측도 하고, 또 과학자들이 땅의 울림 정도를 늘 살피고 있지요. 그래서 화산이 폭발하기 전에 미리 사람들을 대피시키는 것이 어느 정도 가능해졌습니다. 하지만 안타깝게도 모든 화산 분출을 미리 알아낼 수 있는 것은 아니라고 하네요.

 빙산 위에 있는 작은 펭귄의 모습이 무척 한가로워 보입니다. 지구의 기후변화는 빙산 깊이
흔적을 남겨 놓았기 때문에 학자들이 남극에서 여러 연구를 하고 있습니다.

남극

남극 대륙 아델리 해안의 빙산

남극 한반도 면적의 60배에 달하며 두께가 2킬로미터도 넘는 얼음층으로 덮여 있다. 현재 4,000명이 넘는 여러 나라의 과학자들이 다양한 연구를 하고 있다.

▶ 펭귄이 딛고 선 얼음이 얼마나 두꺼운지 보이나요? 남극은 바다가 얼어붙은 것이지만 남극은 두께가 2킬로미터도 넘는 얼음 층으로 덮여 있는 육지입니다. 얼음 층의 조각이 떨어져 나와 바다 위에 둥둥 떠다니기도 하는데, 이것이 바로 빙산이죠.

▶ 빙산은 물 밖에 나와 있는 부분이 전체의 5분의 1 정도밖에 안 됩니다. 우리가 잘 알고 있는 타이타닉호의 침몰은 바다를 항해하는 사람들에게 빙산이 얼마나 두려운 존재인지를 말해 줍니다.

▶ 북극에는 이누이트 족을 비롯해 여러 부족들이 살지만 남극은 너무 추워 사람이 무리지어 살 수 없습니다. 사진의 중앙에 있는 것은 아델리 펭귄입니다. 통통하게 살진 펭귄들은 아주 능숙하게 얼음 비탈을 미끄러져 내려갑니다. 사람도 살기 힘든 이곳에 잘 적응해서 살아가고 있지요. 게다가 수심 3백 미터까지 내려가서 물고기를 잡을 수도 있고요.

 사람들이 땀을 흘리면서 열심히 일을 하다 보면 생각하지도 못했던 뜻밖의 일들이 벌어지기도 하지요.
갖가지 색깔의 그물과 그 위아래에 널어놓은 다시마가 멋들어진 추상화를 만들었습니다.

아시아, 대한민국

폐그물을 이용한 다시마 말리기

대한민국 세계에서 유일한 분단 국가로, 1953년에 휴전협정을 체결한 후 북한과 휴전 상태가 계속되고 있다(인구 5천만 명).

▶ 울긋불긋 이 화려한 색깔은 무엇일까요? 바다에서 건져 낸 다시마를 말리고 있군요. 전라남도 완도군의 금일도와 생일도, 청산도에서는 다시마, 전복, 미역 같은 바닷말을 많이 생산합니다. 건강에 좋은 다시마는 장마 전에 말려야 비싸게 팔 수 있고 겨울철에 전복의 먹이로도 이용할 수 있습니다. 6월이 되면 일손이 모자라 아이들까지 다시마 말리는 일을 거들지요.

▶ 다시마는 손으로 뿌리의 개펄을 씻어 내고 사진처럼 아래에 굵은 그물을 깔고 그 위에 얹은 뒤, 다시 가는 그물을 덮어서 말립니다. 만약 비라도 오게 되면 걷었다가 다시 널어야 하기 때문에 여간 힘든 일이 아니지요. 그래서 한 해가 지나면 '다시는 안 하마'라고 한다고 해서 '다시마'라고 부른다는 이야기가 나올 정도입니다.

▶ 추운 겨울에 어묵 국물을 마실 때 진한 맛을 내는 다시마는 이처럼 많은 사람들이 땀을 흘려서 우리 곁에 오는 것이랍니다.

다른 나라에서는 목화를 기계로 수확하지만 코트디부아르에서는 손으로 일일이 따서 수확합니다.
중국에서 목화씨를 들여온 문익점 이야기를 아나요? 목화는 자연이 선사한 가장 귀중한 천연 섬유입니다.

서아프리카, 코트디부아르

목화 꾸러미들

코트디부아르 25쪽 참조.

▶ 아저씨가 편하게 휴식을 취하고 있는 이것들은 무엇일까요? 따뜻한 곳에서만 자라는 목화입니다. 온대 지방에서는 키가 90센티미터 정도 자라지만 열대 지방에서는 두 배가 넘는 2미터까지 자랍니다. 목화는 봄에 씨를 뿌리면 8월에 아주 옅은 노란색과 흰 꽃을 피우지요. 꽃이 떨어지면 목화 다래(열매)가 열립니다. 10월 중순께쯤 이 열매(보통 3~4센티미터 정도)가 짙은 밤색이나 검은 빛을 띠면서 벌어지고 하얀 솜이 보이면 수확합니다.

▶ 미세한 섬유인 이 하얀 솜에서 씨앗과 불순물을 걸러내고, 섬유를 꼬아서 실을 잣고, 그 실로 천을 짜지요. 지금은 겨울에 오리털 방한복을 많이 입지만 옛날에는 이 목화솜을 넣은 옷으로 한겨울을 따스하게 지낼 수 있었습니다.

▶ 요즈음에도 목화로 만든 다양한 면직물 제품들이 일상생활에서 널리 쓰이고 있어요. 심지어 쉽게 찢어지거나 닳지 말라고 돈에도 순면을 넣어 만든다고 하네요.

잎은 태양을 향해 벌리고 뿌리는 땅속 구석구석으로 뻗어 열심히 물을 빨아들이는 이 훤칠한 나무는 대추야자입니다.
이곳 사람들은 생명의 열매라고 불리는 달콤하고 영양이 풍부한 열매를 주식으로 먹었다고 합니다.

북아프리카, 이집트

종려나무 숲에서 대추야자 말리기

이집트 고대 문명의 발상지로 파라오와 피라미드로 유명하다(인구 7천8백만 명).

▶ 무슨 사연을 담고 있는 한 폭의 멋진 사진처럼 보이지 않나요? 대추야자 나무는 메마른 사막에서 자라는 유일한 과실나무라는군요. 다 자라면 키가 20~25미터나 되고, 한 나무에서 일 년에 70~90킬로그램 정도의 열매를 얻는답니다. 대추야자가 익으면 날쌘 소년이 열매를 따기 위해 밧줄로 엮은 띠 하나만을 맨 채 나무를 타고 올라갑니다.

▶ 마지막 열매를 다 따는 날까지 소년은 매일매일 이 일을 반복하지요. 소년의 가족인지 함께 일하는 일꾼들인지는 모르겠지만, 사람들이 맨바닥에 이 예쁘고 달콤한 열매들을 늘어놓고 있군요. 가끔씩 열매를 뒤집어 주면서요. 바람과 습기를 막아주는 야트막한 울타리에 둘러싸인 채 야자 열매들은 햇빛을 받아 건조됩니다. 열매는 노르스름한 금빛에서 적갈색이 되었다가 짙은 갈색으로 변합니다. 예쁜 양탄자처럼 멋지게 어우러진 다양한 색채들은 야자열매가 잘 익었는지, 또 얼마나 건조되었는지를 알려주지요.

 사람들은 아마존 밀림을 개발하면서 숲을 대규모로 파괴했습니다. 그 결과 지구의 기온이 지속적으로 높아지고 있으며, 귀중한 동식물들이 하루가 멀다 하고 사라지고 있지요.

남아메리카, 브라질

아마존 강에 목재 띄우기

브라질 다양한 인종들이 모여 살며 카니발 축제로 유명하다. 『나의 라임 오렌지나무』를 지은 작가가 탄생한 나라이다(인구 1억 9천1백만 명).

▶ 아마존 밀림은 '지구의 허파'라고 불릴 정도로 엄청나게 많은 산소를 뿜어내는 곳입니다. 지구가 만들어내는 산소의 약 5분의 1이 이곳에서 만들어지지요. 그리고 바다로 흘러가는 물 중 약 5분의 1이 아마존 강에서 흘러나옵니다.

▶ 그런데 이곳이 최근 개발되면서 밀림의 크기가 점점 줄어들고 있습니다. 최근 10년 동안에 한반도 면적에 해당하는 밀림이 사라졌다고 합니다. 지구 환경을 생각하는 사람들은 이렇게 점점 훼손되어 가는 아마존 밀림을 걱정하고 있습니다.

▶ 수많은 나무들이 강물에 둥둥 떠 있는 게 보이나요? 마치 살을 다 발라먹고 남은 생선 뼈 같은 나무들을 흩어지지 않게 쇠사슬로 묶어 강물에 띄워 보내고 있습니다. 아마존 밀림에서 베어낸 나무들을 강을 이용해 운송하고 있는 모습입니다. 서로 한데 묶은 이 나무들을 줄로 배에 연결한 다음, 강 아래쪽의 펄프 공장으로 옮기고 있는 중이지요. ▶ 우리가 쓰는 공책과 책들은 모두 이런 나무들에서 나온 것이랍니다.

모로코는 계속 수공업 방식으로 양탄자를 만들고 있지만, 중요한 부분들은 기계로 하고 있습니다.
이제 세계 곳곳에서, 사람이 하던 일들을 기계가 대신하고 있지요.

북아프리카, 모로코

마라케시의 양탄자

모로코 유럽과 아프리카의 교차로. 쿠스쿠스와 박하차가 유명하며 아프리카 대륙에서 가장 빨리 TV를 도입하였다(인구 2천999만 명).

▶ **아리바바가 타고 다녔을 것 같은 이 아름다운 양탄자는 누가 만드는 것일까요?** 마라케시 양탄자는 거의 대부분 여자들 손으로 만들어집니다. 여자들은 단단한 틀에 실을 매듭지어 가며 이처럼 절묘하게 어우러진 색채의 기하학적 무늬들을 만들지요. 아주 힘든 일이긴 하지만 기계의 힘을 덜 빌리는 덕분에 양탄자를 짜면서 그때그때의 생각을 표현해 낼 수 있습니다. 이곳 양탄자는 워낙 명성이 높아서 지금도 세계 여기저기로 수출되고 있습니다.

▶ **여기 양탄자들은 삼각형, 사각형, 마름모꼴 등의 기하학적 무늬가 대부분입니다.** 이곳 사람들 생각에 삼각형이나 사각형과 같은 무늬가 이 세상의 낙원을 뜻하기 때문이라는군요. 늘 생활하면서 깔아두는 양탄자에 그런 행운이 깃들기를 바라면서 짜 넣은 무늬들이지요. 그래서 옛말에도 양탄자를 선물 받으면 행운이 따른다는 말이 있습니다.

어떤 나라에서는 많은 아이들이 학교에 가지 못합니다. 학교가 아예 없거나 먹고 살기 위해 어릴 때부터 일을 해야 하기 때문이지요. 전 세계 어른 5명 가운데 1명은 글자를 읽을 줄 모른다고 합니다.

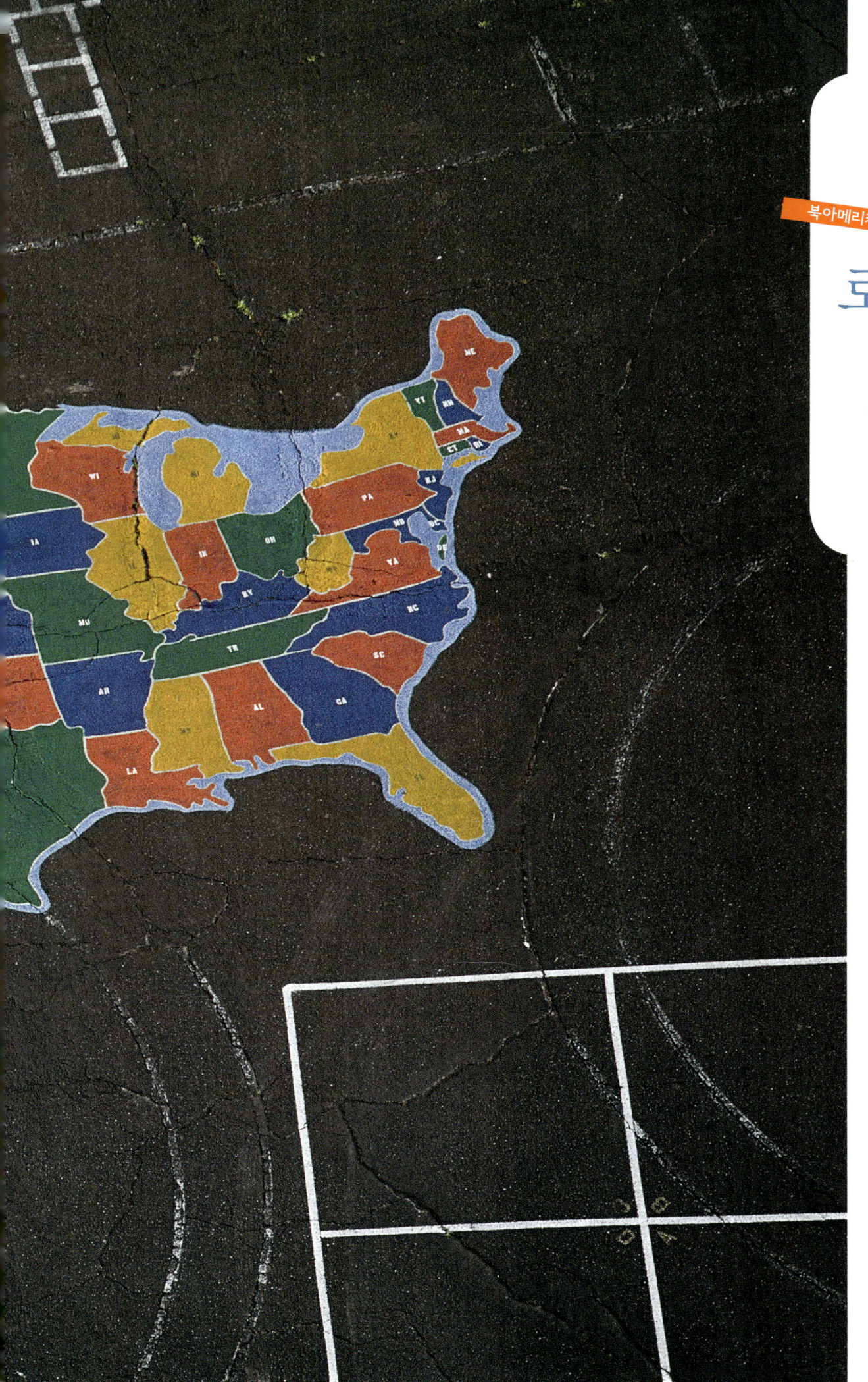

북아메리카, 미국

로스앤젤레스의 어느 학교 운동장

미국 15쪽 참조. 로스앤젤레스에는 꿈과 환상의 영화제작소 할리우드가 있다.

▶ 아스팔트 위에 무엇이 그려져 있나요? 한 아이가 땅바닥에 갖가지 색깔로 그려진 미국 지도 위에서 공놀이를 하고 있군요. 미국의 학교들이 대개 그렇듯이 이 학교에서도 운동과 놀이를 할 수 있는 공간을 널찍하게 마련해 놓았네요.

▶ 사실 미국인들은 영국을 본떠, 대학과 마찬가지로 초등학교에서도 체육 활동은 교육에 필수적인 부분으로 생각하고 있습니다. 그래서 운동 능력은 대학 입학에 중요한 기준이 되기도 하지요. 운동 실력이 뛰어난 학생은 장학금을 탈 수도 있습니다.

▶ 끈기 있는 노력, 협동 정신, 경쟁에서 이기고자 하는 의지……. 심지어는 스포츠맨답게 정정당당하게 질 줄 아는 것조차도 어른이 되어 살아가는 데 밑거름이 되어 줍니다.

이곳 크레타 섬에는 100살 가까이 장수하는 노인들이 아주 많답니다.
화창하고 온화한 기후 속에서 자연을 존중하며 열심히 살아가기 때문이 아닐까요?

유럽, 그리스

크레타 섬의 농부

그리스 정식 명칭은 헬레니 공화국이다. 올림픽과 신화의 나라로 크레타 섬에서 제우스가 태어났다(인구 1천1백만 명).

▶ 밭 가운데 덩그러니 서 있는 나무 한 그루를 뽑아 버리지 않은 이유는 무엇일까요? 이 나무는 농부 아저씨의 아버지, 할아버지 대부터 있었대요. 새들이 이 나무에 내려앉곤 하지요. 사람들은 이 나무를 존경합니다. 힘이 있어도 아무에게도 해를 입히지 않는 생명의 이미지를 이 나무가 보여주기 때문이지요. 농부는 고단한 농사일을 잠시 멈추고 가끔 당나귀와 함께 그 그늘에서 쉬고 싶었는지도 모르고요.

▶ 땅을 돈벌이 수단으로 생각하는 도시 사람들은 한 뼘의 땅이라도 더 차지하려고 다툽니다. 그래서 노는 땅이나 필요 없다고 생각하는 건 나무든 개천이든 모두 없애 버리지요. 하지만 여기 농부와 당나귀는 그런 생활과는 거리가 있어 보이네요. 농부는 손에 나뭇가지를 들고 당나귀를 귀찮게 하는 파리를 쫓아냅니다. 참을성 많고 영리한 당나귀는 자기가 해야 할 일을 잘 알고 있는 것처럼 한발 한발 나아갈 뿐이고요.

바다는 지구 표면의 70퍼센트를 차지하고 있습니다. 바다는 지구의 생명이 나온 곳으로 지금도 다양한 생명들이 서식하며, 어업의 원천이 되고 있지요. 많은 사람들이 지구의 미래는 바다에 달려 있다고 이야기하고 있습니다.

남아메리카, 아르헨티나

발데스 반도 먼 바다에서 헤엄치는 고래

아르헨티나 세계에서 여덟 번째로 큰 국가이다. 탱고와 목축으로 유명하며 발데스 반도는 바다 포유류의 서식지로 유네스코 세계자연유산이다(인구 4천만 명).

▶ 거대한 고래의 꼬리가 보이지요. 정말로 고래는 식인귀처럼 바다에 빠진 어부들을 잡아먹을까요? 그렇지 않습니다. 학자들에 따르면, 고래는 플랑크톤을 먹고 산답니다. 바닷물을 삼킨 다음 그 안에 들어 있는 아주 조그만 갑각류들을 걸러서 먹는 것이죠.

▶ 이 거대한 포유류는 이빨 대신 고래수염이라는 수염 판을 갖고 있어서 먹이는 그대로 입 안에 넣은 채 바닷물만을 뿜어낼 수 있지요. 그러나 물고기나 오징어를 잡아먹는 고래는 이빨을 갖고 있습니다.

▶ 항상 먹이를 쫓는 이 동물은 지칠 줄 모르는 영원한 여행자입니다. 고래는 북쪽에서 남쪽으로, 지구의 바다들을 돌아다닙니다.

▶ 고래에게 가장 무서운 적은 바로 사람입니다. 사람은 고기와 향유(기름)를 얻기 위해 고래를 죽이니까요. 그래서 고래 역시 멸종 위기에 처해 있답니다.

 쌀은 전 세계 인구의 절반 이상이 주식으로 먹는 곡물입니다. 한국을 비롯한 아시아 지역 국가들이 연간 전 세계 생산량의 92퍼센트를 생산하고 있지요.

동남아시아, 인도네시아

발리 섬의 계단식 논

인도네시아 적도 주위에 흩어져 있는 1만 8천여 개의 섬들로 이루어져 있다. 대다수가 불교 국가인 동남아시아의 주요 이슬람 국가이다 (인구 2억 5천만 명).

▶ 아시아 20억 명 인구의 주식인 쌀은 벼에서 나옵니다. 벼는 기온이 높고 비가 많이 오는 지역에서 잘 자랍니다. 이곳 발리 섬처럼 화창한 날씨에 따사로운 햇볕도 잘 내리쬐어 주어야 합니다. 그래서 보통은 논에 물을 쉽게 댈 수 있는 곳이나 너른 들판에서 벼농사를 짓지요.

▶ 그러나 이곳 발리 섬처럼 주어진 자연환경에 맞추어 벼농사를 짓는 경우도 있습니다. 산을 계단식으로 깎아 내고 둑을 쌓아 물을 가두어 논을 만든 것이지요. 아래로 파놓은 고랑을 따라 물이 높은 곳에서부터 낮은 곳으로 흐르면서 거대한 계단식 논들을 모두 적시게 되는 것이죠.

▶ 논의 모양이 바둑판 모양이 아닌 조각을 이어 붙이는 식으로 만든 것은 이 계단식 논이 쉽게 무너지거나 쓸려 나가는 것을 막기 위한 지혜로운 방법이랍니다. 이리하여 벼는 비옥한 토양, 발리 섬의 화창한 햇살, 끊임없이 공급되는 물 등 자라는 데 필요한 모든 것을 얻지요.

 인간은 식량을 얻어 살아남기 위해 화산 비탈처럼 위험한 곳에서조차 손바닥만한 땅 한 귀퉁이도 놀리지 않고 자연의 혜택을 끌어내는 법을 배웠습니다.

유럽, 스페인

카나리아 화산섬의 포도밭

스페인 유럽에서 가장 오래되고 복잡한 역사를 갖고 있다. 투우와 플라멩코, 세기의 건축가 가우디가 유명하다. 카나리아 제도는 '말 한다'는 새 카나리아가 유명해 이런 이름이 붙었다(인구 4천5백만 명).

▶ 화산이 뿜어내는 재는 토양을 비옥하게 만듭니다. 비료와 같은 화학 성분을 자연적으로 함유하고 있어서 화산재가 있는 곳에서는 수확량이 몇 배나 높아집니다.

▶ 카나리아 제도의 포도 농사꾼들은 이 신기한 흙을 이용할 줄 알았습니다. 그래서 화산암에 움푹하게 구멍을 파 거기에 포도나무를 심은 것이지요. 게다가 사하라 사막의 건조한 바람을 피하기 위해 포도나무 한 그루 한 그루마다 반원형의 바람막이 벽까지 세워 놓았군요.

▶ 깔때기 모양으로 땅을 파서 포도나무를 심은 것은 최대한 물을 많이 흡수할 수 있도록 하기 위해서랍니다. 건조한 이곳은 강수량이 너무 적은데 밤에 기온이 내려가면 사하라의 뜨거운 공기가 이슬이 되어 굴러 떨어지도록 한 것이죠. 그리하여 사진 속에서처럼 황금잉어 비늘 같은 무늬가 만들어졌답니다.

▶ 이렇게 해서 단맛으로 유명한 이곳의 특산품 포도주가 생산되는 것이죠.

 어떤 나라에서는 어업이 아주 발달했습니다. 그리고 어떤 나라에서는 목축업이, 또 어떤 나라에서는 농업이 발달했지요.
하지만 먹을 것이 부족하여 굶주린 배를 충분히 채우지 못하는 어른과 아이들은 세상 어느 나라에나 있답니다.

서아프리카, 세네갈

다카르 근처의 어시장

세네갈 재즈 음악의 고향이며, 서아프리카에서 가장 서늘한 나라이다. 그러나 물 부족 문제로 고통 받고 있다(인구 1천2백만 명).

▶ **지금은 하루 중 어느 때일까요? 그림자가 긴 걸 보니 아침이군요.** 어부들은 밤새 바오밥나무나 판야나무로 만든 늘씬한 카누를 타고 낚싯줄을 드리우거나 그물을 끌어당겨 물고기를 잡습니다. 오늘은 참치, 정어리, 검정 대구를 많이 잡았네요. 돌아오는 길에 몇몇 사람들은 열심히 노를 젓고 나머지 사람들은 잡은 고기들을 종류와 크기에 따라 분류합니다.

▶ **카누는 바닥이 납작해서 배를 모래 사장까지 끌어올 수 있지요.** 사진을 잘 보면 배 밑에 둥근 굴림대가 있는 것을 볼 수 있는데, 어부들은 이 굴림대를 이용해 카누를 시장까지 끌고 옵니다. 싣고 온 고기를 내릴 때에는 나무껍질로 만든 바닥이 깊은 광주리를 이용하지요. 광주리 몇 개는 쌓아 놓은 고기 위에 엎어 놓기도 해요. 조금이나마 햇빛을 막기 위해서죠. 손님들에게 파는 고기는 고운 모래 위에 놓여 있습니다. 어, 벌써 첫손님들이 왔네요.

피라미드를 포함한 이집트의 유적들은 여행자들이 즐겨 찾는 명소입니다.
많은 나라에서 문화 유적과 자연환경은 경제적으로 중요한 역할을 하고 있습니다.

북아프리카, 이집트

아스완의 오벨리스크

이집트 35쪽 참조

▶ 옛날 이집트 사람들은 오벨리스크라는 커다란 돌기둥을 만들어 신전이나 왕궁 앞에 세워 놓곤 했습니다. 태양신을 믿던 이집트 사람들은 밑은 사각형에 꼭대기는 피라미드와 같이 뾰족한 이 돌기둥을 세워서 태양으로부터 은총을 받으려고 했지요.

▶ 그런데 보통 20미터가 넘는 돌기둥을 어떻게 만들고 운반했을까요? 우선 커다란 돌에 윤곽을 그립니다. 그리고 이 형태를 따라 일정한 간격을 두고 홈을 팝니다. 그런 다음에는 홈마다 나무의 잔가지들을 넣고 물을 붓지요. 나뭇가지가 물을 빨아들이면서 팽창하고 결국 홈을 따라 돌이 갈라집니다.

▶ 그렇게 해서 돌기둥을 떼어 낸 다음, 운하를 파서 나일 강물을 이용해 그것을 세울 곳까지 운반했지요. 그런데 사진 속의 돌기둥은 그만 금이 가서 못 쓰게 되어 떼어내다 말았네요. 덕분에 후손들은 옛날 조상들이 어떻게 오벨리스크를 만들었는지를 알 수 있게 되었지요.

 이 마을 사람들은 흙으로 집을 짓습니다. 북극에서는 빙하 위에 얼음으로 이글루를 짓지요.
이렇게 사람들은 언제나 자연환경에 적응해 왔습니다.

서아프리카, 니제르

하우사 족의 집과 마을

니제르 남자들이 화장하고 미인도 뽑는 워다베 족이 살고 있는 나라이다. 풍부한 광물 자원은 있어도 식량은 구하기 힘든 나라다(인구 1천3백만 명).

▶ **대부분의 아프리카 부족들은 유목민이지만 이곳 하우사 족은 땅을 일구어 먹고 사는 농경민입니다.** 이들은 촌락을 이루고 정착해서 삽니다. 아프리카에서 하우사 족은 질 좋은 수공예품을 만들고 장사 수완도 뛰어난 것으로 유명합니다.

▶ **마을마다 한 집안의 경계를 표시하는 울타리가 세워져 있습니다.** 밤이 되면 염소 떼를 이 마른 진흙 울타리 안으로 몰고 들어가야 하지요. 사각형 집은 사람들이 사는 곳입니다. 비가 잘 오지 않는 지역이라 지붕을 평평하게 하고, 뜨거운 열기가 집 안에 들어오는 것을 막기 위해 작은 창문과 출입구만 하나씩 있습니다.

▶ **지붕에는 땔감으로 쓸 장작이 널려 있군요.** 달걀 모양의 둥근 건물은 곡식 창고랍니다. 자세히 보면 창고의 바닥이 땅에서 약간 들려 있습니다. 귀한 수확물에 벌레나 들쥐 따위가 접근하지 못하도록 하기 위해서죠. 이러한 건물들은 전부 흙과 짚 등을 이겨 만든 것입니다.

 예로부터 사람들은 식물이나 동물 또는 광물 등의 자연에서 수공예품이나 실용품 등을 만들 재료들을 구해왔습니다. 오늘날 천연 염료, 천연 주조, 천일염 등은 전 세계에서 점점 더 인공적인 것으로 대체되고 있습니다.

북아프리카, 모로코

페스의 염색통

모로코 39쪽 참조. 페스는 살아 있는 중세 이슬람 도시이며 지상 최대의 미로 도시로 도시 전체가 유네스코 세계문화유산이다.

▶ 마치 커다란 팔레트에 여러 색깔의 물감을 풀어 놓은 것 같지 않나요? 바로 모로코의 페스에 있는 염색 공장입니다. 오래전부터 천연 염색으로 유명합니다.

▶ 오늘날 대부분의 공장에서는 인공 염료를 써서 기계로 염색을 하지만 이곳은 자연에서 구한 재료로 직접 염색을 합니다. 빨간색 염료는 개양귀비에서 얻고, 파란색은 인디고에서, 노란색은 사프란에서, 베이지색은 대추야자 열매의 씨앗에서 얻지요. 검은색은 안티몬이라는 광물에서 얻습니다.

▶ 주로 양모 실타래나 면실, 혹은 염소나 양가죽을 염색하는데, 냄새가 무척 고약합니다. 그래서 이곳을 구경하러 온 사람들은 민트 잎을 코에 대고 냄새를 쫓습니다. 하지만 일꾼들은 냄새에 아랑곳하지 않고 진흙을 구워 만든 염색 통에 옷감을 넣어 흔들고 두드리고 색이 깊이 배어들도록 발로 꾹꾹 밟기까지 합니다.

▶ 이렇게 염색한 실과 가죽은 아름다운 양탄자를 짜거나 무늬를 넣은 슬리퍼와 가죽 가방을 만드는 데 씁니다.

 세계 어디서나 사람들은 일자리와 더 좋은 삶을 찾아 농촌을 버리고 도시로 떠납니다.
현재 세계 인구의 절반 정도가 도시에 거주하고 있으며, 이러한 현상은 더욱더 심해지고 있습니다.

북아프리카, 모로코

오아틀라스의 마을

모로코 39쪽 참조.

▶ 이 사진 속의 광경을 보면 얼떨떨한 기분이 들지요? 꿀벌들이 지어 놓은 오밀조밀한 벌집이 생각납니다. 뉴욕과 비교해 보면 어떨까요? 수평으로 바둑판처럼 나누어진 거리들과 수직으로 높이 뻗은 건물들이 늘어서 있는 뉴욕과 너무 다릅니다.

▶ 직선으로 뻗어 있는 두 개의 큰 길이 보이나요? 하지만 무엇보다도 지붕들이 평평하고 다른 집 지붕과 이어져 있는 것이 눈에 띄네요. 지붕이 이렇게 생겼기 때문에 수확한 곡식을 널어놓고 말릴 수가 있지요. 대신 저녁에는 이웃에게 피해가 가지 않도록 조용조용히 말을 해야겠지요?

▶ 산 위에 있는 이 마을의 집들은 다닥다닥 붙어 있고 출입구와 창문들은 좁으며 울타리가 세워져 있습니다. 집을 이렇게 짓는 이유는 사막의 모래 먼지와 뜨거운 햇빛을 막기 위해서래요. 울타리가 드리워주는 그늘이 살기 좋은 환경을 만드는 데 아주 중요한 역할을 하는 셈이지요.

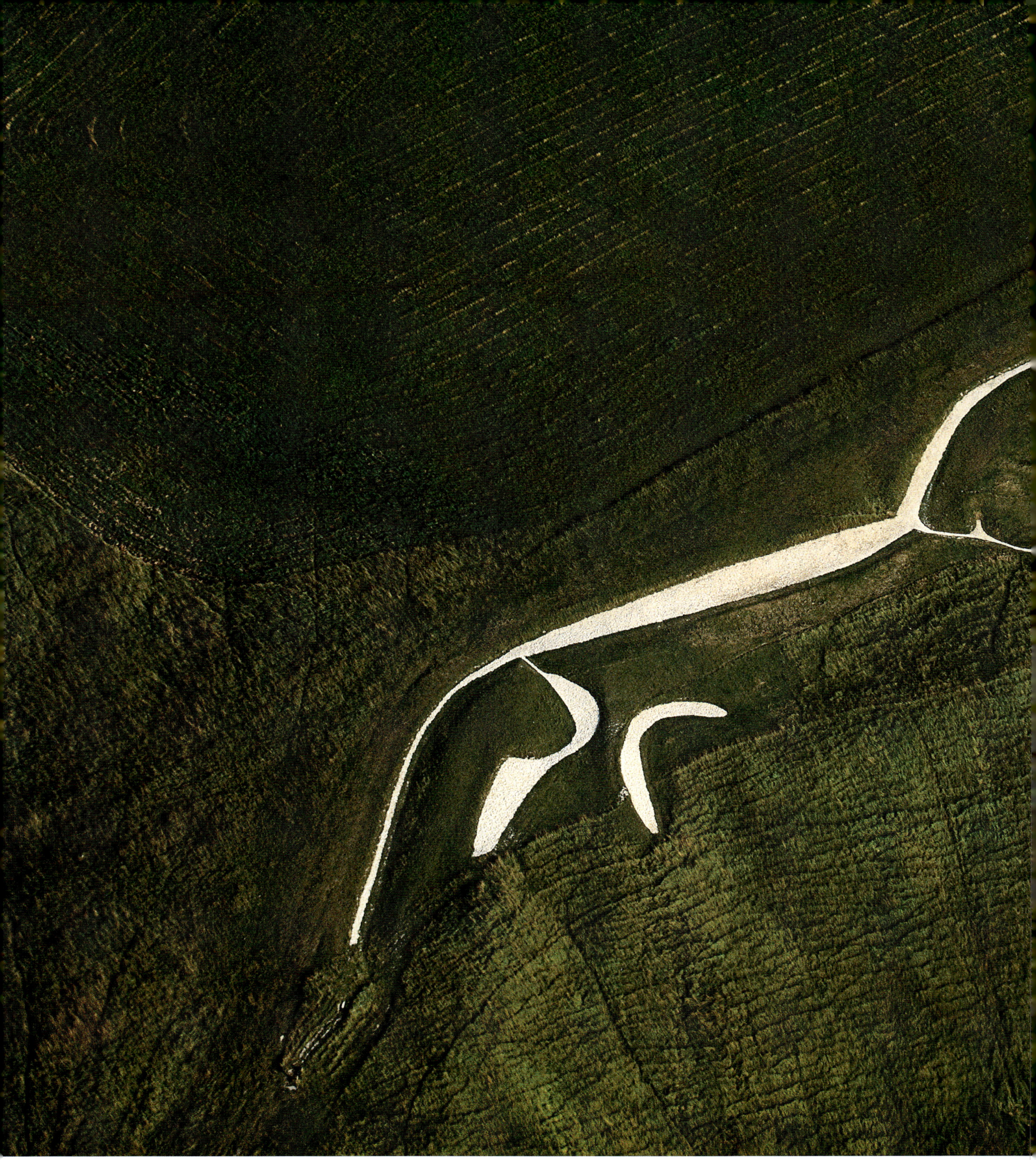

 몇 개의 단순한 선만으로 어떻게 달리는 말을 이렇게 기막히게 표현할 수 있었을까요? 이 그림은 옛날에 이곳에 살던 켈트 족 사람들이 그려 놓은 것입니다. 예나 지금이나 그림은 누구에게나 보편적인 소통 수단입니다.

유럽, 영국

어핑턴의 하얀 말

영국 축구의 종주국, 셰익스피어, 『로빈슨 크루소』, 『해리포터』의 나라, 세계 3대 박물관 중 하나인 대영박물관이 있다(인구 6천만 명).

▶ 땅에서는 보이지도 않는 이 그림을 옛날 사람들은 무엇 때문에 새겼을까요? 이 그림은 약 2천1백 년 전 철기 시대의 켈트 족이 하얀 석회암 언덕에 새겨 놓은 것입니다. 주로 말의 모습으로 나타나 인간에게 빵과 과일, 곡식을 나누어 주던 여신 에포나를 경배하며 하늘의 축복을 받기 위해 새긴 것이 아닐까 추측됩니다.

▶ 어떻게 전체 윤곽을 볼 수도 없으면서 이렇게 큰 그림을 새길 수 있었을까요? 아마 수천 년 전부터 알려져 있던 모눈 축척을 사용한 것으로 보입니다(고대 이집트 인들도 이미 이 방법을 사용했었지요).

▶ 우선 납작한 돌이나 널빤지 위에 그림을 그리고 그 위에 바둑판 모양처럼 선을 긋습니다. 말뚝과 밧줄 등을 이용해 땅바닥에 큰 바둑판무늬를 만들어 놓고 일꾼 한 사람마다 한 칸씩을 맡아서 원본의 비율을 고려하여 그림을 그리는 것입니다. 이 사진의 그림도 한 사람 한 사람이 말의 일부를 맡아서 그렸겠지요.

사람들에게 강은 참으로 소중한 존재입니다. 하지만 강물이 넘칠 때는 아니죠! 최근에는 나이저 강이 폭우로 범람하여 말리의 바마코 거리가 침수되기도 했습니다.

서아프리카, 말리

나이저 강에 떠 있는 피로그 배들

말리 19쪽 참조.

▶ 만약 강이 없다면 어떻게 될까요? 운이 좋은 나라들은 강이라는 자연이 준 귀한 선물을 받았습니다. 이집트에는 나일 강이 있습니다. 말리에는 나이저 강이 있습니다. 이 강은 수도인 바마코와 1천4백 킬로미터나 떨어져 있는 북쪽의 도시 가오를 연결하는 주요한 교통로가 되어 줍니다. 강의 수위가 높아지는 7월부터 12월 사이에는 중간 정도 크기의 배로 이 강을 건널 수 있습니다.

▶ 이곳에서는 바닥이 납작한 피로그 배들이 주요한 교통수단이 됩니다. 이 배는 바닥이 얕아서 물속에 잠기는 부분이 많지 않습니다. 그래서 얕은 물에서 잘 떠다닐 수 있고, 방향도 쉽게 바꿀 수 있습니다. 계절과 상관없이 운행이 가능하며, 심지어 물이 아주 부족한 계절에도 먼 곳을 오가는 데 문제가 없습니다.

▶ 피로그 배는 특히 이 강에서 자라는 식물의 운송에 많이 이용됩니다. 이렇게 운반된 식물은 가축의 사료로 쓰입니다.

그리스-로마 시대에 레슬링을 비롯해 여러 경기를 즐기기 시작한 이래 수많은 스포츠가 생겨났습니다. 야구도 그중 하나입니다. 스포츠는 몸과 마음을 건강하게 하는 데 필수적이기 때문에 세계인 모두가, 심지어 몸을 움직이기 어려운 장애인들까지도 즐기고 있습니다.

북아메리카, 미국
뉴욕의 천연 잔디 야구장

미국 15쪽 참조. 뉴욕은 미국 뉴욕 주에 있는 가장 큰 항구도시이자 최대의 도시로서 문화의 중심지이다.

▶ 프로야구 좋아하죠? 미국에서 야구는 가장 인기 있는 스포츠 종목 중의 하나입니다. 1850년경에 처음 시작되어 지금은 아마추어, 프로 경기 할 것 없이 온 국민에게 사랑받는 국민 스포츠가 되었죠.

▶ 이곳은 정성스레 가꾼 뉴욕 양키스의 천연 잔디 구장이랍니다. 양키 스타디움은 아주 오래된 야구장입니다. 1923년에 지어졌는데도 5만 5천 명이나 들어갈 수 있는 규모라니 굉장하지요. 개막 경기에는 무려 7만 4천 명이나 되는 관중들이 이곳을 꽉 채웠다고 하는군요.

▶ 마치 자로 잰 듯이 격자무늬로 천연 잔디가 펼쳐져 있는 것이 신기해 보이지 않나요? 요즘 미국의 많은 구장들은 관리하기 쉬운 인조 잔디를 많이 사용한다고 합니다. 하지만 선수들이 부상을 입기도 쉽고 호흡기 질환을 일으키는 먼지도 많이 생겨서 문제가 되고 있지요.

 간혹 어떤 사람들은 홍학을 날지 못하는 새라고 생각합니다. 그러나 보다시피 이렇게 힘차게 하늘을 날 줄 안답니다. 게다가 이들은 계절에 따라 수천 킬로미터를 이동하기도 합니다.

서아프리카, 모리타니

모리타니의 홍학

모리타니 사하라 사막 서쪽에 직경 50킬로미터나 되는 푸른 눈, '지구의 눈'이 있다. 이 눈은 우주 왕복선 대원들이 귀환 시 확인 지표로 이용하기도 한다(인구 3백만 명).

▶ 홍학들이 찬란한 색깔로 위용을 뽐내며 비행하고 있지요? 홍학은 주로 바닷가나 강가, 호수 등의 물가에서 무리지어 살아갑니다. 구부러진 부리로 물속의 풀을 뜯어먹거나 새우나 게 등을 잡아먹고 살지요. 주홍따오기처럼 홍학도 게나 새우에 들어 있는 색소 때문에 털 색깔이 붉게 변하게 된답니다.

▶ 홍학처럼 몸이 무거운 새들은 날아오르는 게 쉽지 않습니다. 그래서 날아오를 때 일단 날개를 펴고 물 위를 막 달려 나가면서 하늘에 오를 수 있는 힘을 얻지요. 마치 비행기가 활주로를 달려 나가 하늘로 오르듯이 말입니다. 그런 다음 공중에 오르면 구부러진 부리 끝에서부터 발끝까지 새의 몸 전체가 완전히 평행을 이루며 납니다.

▶ 철새에 속하는 홍학은 수천 킬로미터에 달하는 장기 여행에도 끄떡없고 황새나 두루미와는 달리 꽤 혹독한 겨울의 기온에도 적응할 수 있답니다.

건조한 지역에서 인간의 개발 활동 때문에 또는 초식 동물들이 너무 풀을 많이 뜯어먹어서 삼림이 망가지게 되면, 사막화가 더욱더 빠르게 진행됩니다.

동아프리카, 케냐

국립공원 안의 생명의 나무

케냐 마사이 족과 사파리의 나라. 각종 야생 동물이 많은 나이로비 국립공원과 함께 곳곳에 야생 동물 보호구역이 있다(인구 3천8백만 명).

▶ 이 건조한 풍경 안에 멋진 아카시아 나무 한 그루가 외로이 서 있군요. 초록색 잎사귀, 시원한 나무 그늘 때문에 야생 동물들은 이 나무로 몰려듭니다. 그래서 동물들의 발자취가 태양에서 햇빛이 퍼져 나가듯이 이렇게 나무를 중심으로 퍼져 나가는 선을 그리고 있죠. 마치 생명의 힘이 퍼져 나가는 것처럼 보이지요?

▶ 국립공원은 인간의 개발 활동으로 변하지 않았거나, 변했더라도 정도가 미미한 구역입니다. 이곳은 인간의 파괴로부터 환경을 보호하기 위해 특별하게 관리되고 있습니다. 밀렵꾼들을 감시하고 공원 안에서 함부로 나무를 베거나 집을 짓고 사는 것을 금지하고 있지요.

▶ 하지만 국립공원은 야생 동물들이 자유롭게 뛰노는 모습을 관찰하려는 방문객들에게는 개방되어 있습니다. 공원 안에는 인간 손님들 때문에 동물들이 방해받는 일이 없도록 관람 코스나 눈에 띄지 않게 숨겨진 관찰 지점 등이 조직적으로 정해져 있습니다.